AF589675

LA FILLE MAL GARDÉE,

OU

LE PEDANT AMOUREUX,

PARODIE DE LA PROVENÇALE.

Représentée pour la premiere fois par les Comédiens Italiens ordinaires du Roi le 4 Mars 1758.

Le prix est de 24 sols.

A PARIS,
Chez N. B. DUCHESNE, Libraire, rue S. Jacques, au-dessous de la Fontaine S. Benoît, au Temple du Goût.

M. DCC. LVIII.
Avec Approbation & Privilége du Roi.

ACTEURS.

LE MAGISTER, *Tuteur de Nicolette*,	Mr. ROCHARD.
NICOLETTE,	Me. FAVARD.
Me. BOBINETTE, *Gouvernante du Magister*,	Me. CHAMPVILLE.
LINDOR, *Amant de Nicolette*,	Mlle. CATINON.

LA FILLE MAL GARDÉE,

PARODIE.

SCENE PREMIERE.

LE MAGISTER.

ARIETTE.

'UN trait vainqueur
L'Amour me blesse,
Le plus grand cœur
A sa foiblesse.
Le fier César
En idolâtre,
De Cléopatre
Suivoit le Char.
Hercule file, (*bis.*)

Le brave Achille
Pour Briseïs
Verse des larmes ;
Le Dieu des armes
Aime Cypris.
Et moi, grave Magister,
Magis, magis, magis ter,
Je brule pour Nicolette,
Je gémis de ma défaite,
Et je cede sans effort.
Omnia vincit amor.

Oui, tous les grands hommes ont aimé, *& nos cedamus amori.*

SCENE II.

Me. BOBINETTE, LE MAGISTER.

Me. BOBINETTE.

Air : *Réveillez-vous.*

QUEL lutin sitôt vous éveille ?
Ou courez-vous toute la nuit ?

LE MAGISTER.

Je crois, d'abord que je sommeille ;
Voir Nicolette qui s'enfuit.

C'en est fait, ma chere Madame Bobinette, il n'y a plus de repos pour moi.

Me. BOBINETTE.

Seigneur Pancrace, tout éveillé que vous ſoyez, il me paroît que Nicolette l'eſt encore d'avantage.

ARIETTE.

La garde d'une fille
Jeune, vive & gentille
Cauſe un grand embarras;
Un jaloux ne vit pas.
A tout prêtant l'oreille,
Il s'inquiette, il veille,
Sans ceſſe il vient, il va.
Qui va là? Qui va là?

Un geſte, une parole,
Une mouche qui vole
Lui trouble la cervelle,
Il eſt en ſentinelle,
Et quand ce loup garou
Eſt à la découverte,
L'Amour bien plus alerte
Attrape le vieux fou. (*fin.*)

Un geſte, une parole, &c. (*au mot fin.*)

Voilà ce que c'eſt que d'aimer une Jeuneſſe, au lieu d'avoir un attachement ſolide & raiſonnable.

LE MAGISTER.

Je vous entends, mon aimable Gouvernante; mais, *neceſſitas non habet legem.* Nicolette eſt une petite orpheline qui m'a été confiée.

Me. BOBINETTE.

Je le ſçais.

LE MAGISTER.

Elle a quelque bien dont il faudroit rendre compte.

Me. BOBINETTE.

Cela eſt juſte.

LE MAGISTER.

Il s'eſt un peu embrouillé avec le mien.

Me. BOBINETTE.

Rien de plus naturel.

LE MAGISTER.

Et pour éviter l'embarras du calcul, je me vois dans la néceſſité de l'épouſer.

Me. BOBINETTE.

Vous avez raiſon.

LE MAGISTER.

Je dois redoubler de vigilance, de crainte que cette jolie proie ne m'échappe.

Me. BOBINETTE.

à part.

Le vieux renard!

LE MAGISTER.

Je ſuis dans les plus grandes inquiétudes.

Me. BOBINETTE.

Je le crois.

LE MAGISTER.

ARIETTE.

Au bord de l'eau ſur le ſoir,

Lorsque le tems est bien noir,
J'entends une voix qui chante :
Venez, venez, beauté charmante,
St, st, st, st, je suis au long du mur,
Venez, venez, Beauté charmante,
Le hibou dort, l'instant est sur.

Me. BOBINETTE.

Il y a à parier que c'est un compliment que l'on vous fait; mais sur qui vos soupçons peuvent-ils tomber? Depuis que Nicolette est en âge de plaire, vous avez renvoyé tous vos Ecoliers; vous ne donnez plus de leçons qu'en ville, & personne ne vient ici qui ne soit du genre féminin. (*à part*) Cela commence beaucoup à m'ennuyer.

LE MAGISTER.

Je soupçonne tout le monde, & principalement ce petit fripon de Lindor, ce jeune Etudiant en Droit, qui venoit ici sous prétexte d'apprendre le Grec.

Me. BOBINETTE.

Et qui vouloit apprendre à parler François à Nicolette.

LE MAGISTER.

Je l'ai bien vite congédié.

Me. BOBINETTE.

Il étoit plus Grec que vous.

LE MAGISTER.

C'eſt lui qui a commencé à donner l'éveille à ma pupille ; depuis ce tems elle eſt inquiette ; le moindre bruit fixe ſon attention.

ARIETTE.

Quand une fille a l'eſprit curieux,
Son cœur s'entend avec ſes yeux. (*bis.*)
Tu ſçais que ma maiſonnette
Tient aux murs de la Guinguette ;
Les Dimanches, Nicolette
Y prête l'oreille, & guette ;
Elle écoute des chanſons,
Elle hauſſe les talons,
Ses yeux alors font leur rôle.
Je ne ſçais pas ce qu'elle voit,
Elle ſe mord le bout du doigt,
En s'écriant ah ! que c'eſt drôle !
Quand une fille a l'eſprit curieux,
Son cœur s'entend avec ſes yeux. (*bis.*)

Me. BOBINETTE.

Cela ne doit pas vous étonner ; le plaiſir eſt pour cet âge, ce qu'un joli chat eſt pour une jeune chatte.

Air : *Lorſque le plaiſir ſe préſente.*

Quand un beau minet ſe préſente
Une chatte miaule après lui ;
Plus elle a reſſenti d'ennui,
Plus elle eſt vive & ſémillante.

Quand un beau &c.

LE MAGISTER.

Air : *De tous les Capucins du monde.*

Je prétends que le mariage
Ce soir avec elle m'engage,
Et pour en bien goûter les fruits,
Et me voir sûr de cette Belle,
Je passerai toutes les nuits
A me poster en sentinelle.

Me. BOBINETTE.

Croyez-moi, il vaut mieux que ce soit moi qui fasse la garde.

LE MAGISTER.

Air : *De M. de Catinat.*

Pourrai-je sans danger me confier à toi ?

Me. BOBINETTE.

Oui, oui, mon intérêt vous répond de ma foi.
Des galands qui viendront demander de l'emploi,
J'aurai grand soin qu'aucun n'ait affaire qu'à moi.

LE MAGISTER.

Je vais y mettre ordre.

Me. BOBINETTE.

En attendant, je vous conseille, pour ne point effaroucher Nicolette, de vous rendre aimable à ses yeux ; mais c'est-là le plus difficile.

LE MAGISTER.

Comment, le plus difficile ?

Me. BOBINETTE.

Par exemple, puisque vous n'avez plus ici d'Ecoliers, pourquoi garder à la maison cet attirail pédantesque ?

LE MAGISTER.

A l'exemple de Denis de Syracuse ; j'aime à conserver les attributs du despotisme ; il est bon de se faire respecter ; je ne veux point être de ces maris dont la complaisance tourne toujours à leur desavantage. Nicolette est encore un enfant; c'est un tendre arbrisseau que je veux ployer à ma fantaisie, & je suis déjà parvenu à disposer son esprit à recevoir....

Me. BOBINETTE.

Vous le croyez ?

LE MAGISTER.

Sans doute. Par exemple, quoiqu'elle soit jolie au superlatif, je l'ai persuadée qu'elle est d'une laideur extrême.

Me. BOBINETTE.

Paroles perdues. Vous m'en diriez autant, que je ne vous croirois pas ; on sçait ce qu'on vaut.

LE MAGISTER.

Paix, elle vient ; allons examiner ce qu'il faut faire à notre jardin pour mettre cette jeune rose à l'abri des atteintes de ces petits frélons amoureux, plus dangereux pour la vertu des femmes, que les insectes ne le sont pour les fleurs.

SCENE III.

NICOLETTE, *seule.*

ARIETTE.

DEPUIS que j'ai vû Lindor,
La Nature est plus brillante:
Tout m'anime, tout m'enchante,
Et mon cœur a pris l'essort.
Quand l'oiseau sur la Charmille,
En chantant vole ou sautille,
Il est moins joyeux que moi.
Papillon, quand je te voi
Caresser la fleur nouvelle,
Mon cœur bat comme ton aîle:
Il imite ton essor,
Il voltige après Lindor.
Cher Lindor, viens, je t'appelle:
A ma voix l'écho fidele,
Avec moi redit Lindor,
Cher Lindor, Lindor, Lindor,
Et l'écho répete encor,
Cher Lindor, mon cher Lindor.

M. le Magister dit que je n'ai ni esprit ni beauté, il faut avouer que Lindor a bien de la bonté de m'aimer, aussi serai-je bien reconnoissante : cherchons du moins à placer des fleurs dans mes cheveux pour n'être pas si déplaisante.

SCENE IV.

LE MAGISTER, Me. BOBINETTE; NICOLETTE.

LE MAGISTER.

EST-CE ainsi que vous vous occupez?

Air, *Ah le bel oiseau, &c.*

Quel plaisir peut-on avoir,
Quand on a votre visage,
Quel plaisir peut-on avoir
A se mirer, à se voir?

Me. BOBINETTE.

Si vous me ressembliez,
Ce seroit un avantage :
Quand vous vous regarderiez,
Vous vous rendriez hommage.

NICOLETTE.

Ah ! le bel objet vraiment
Pour me tenir ce langage !
Ah ! le bel obj t vraiment
Pour engager un Amant !

Me. BOBINETTE.

Voyez la petite impertinente.

LE MAGISTER.

Un Amant ! Et qu'est-ce que c'est qu'un Amant ?

NICOLETTE.

Je ne sçais pas, Mr. Le Magister, mais je m'imagine que c'est quelqu'un qui ne me trouveroit pas si laide.

LE MAGISTER.

Eh! où avez-vous entendu parler d'Amant ?

NICOLETTE.

Nulle part, M. le Magister.

LE MAGISTER.

Nulle part!

NICOLETTE.

C'est que je me souviens que quand Madame Bobinette parloit à quelqu'un de vos Ecoliers, elle lui disoit : venez mon petit Amant, baisez-moi, mon petit Amant.

Me. BOBINETTE.

Allez, vous raisonnez comme une petite sotte.

LE MAGISTER.

Ah! c'est donc dans le dessein de plaire à quelque Amant que vous vouliez mettre des fleurs dans vos cheveux? Peine perdue, vous n'en seriez pas plus jolie.

NICOLETTE.

Vous me mortifiez toujours: en quoi donc suis-je si laide?

LE MAGISTER.

ARIETTE.

Qui vous voit ne peut s'empêcher

De ſoupirer ou de ſourire,
Et vous penſez qu'on vous admire.
Fi, fi, fi, vous devez vous cacher.
Vous croyez avoir des appas.;
Mais vos traits ſont trop délicats.
Je vous le dis prenez-y garde;
Dans le menton ce petit creux
Et cette bouche trop mignarde
N'ont rien d'aſſez majeſtueux.
Tournez que je vous examine,
Vous avez la taille trop fine. (*bis.*)
Tournez que je vous examine.
Je vous le dis prenez-y garde.
Vous avez certain embonpoint,
Qui fait que chacun vous regarde:
Vos grands yeux ne finiſſent point.
Non, non, qui vous voit ne peut s'empêcher
De ſoupirer ou de ſourire;
Et vous penſez qu'on vous admire.
Fi, fi, Vous devez vous cacher. (*bis.*)
Ah! je ſoupire, (*bis.*)
Fi, fi, vous devez vous cacher. (*bis.*)

NICOLETTE.

Mais il me ſemble pourtant.

LE MAGISTER.

Il vous ſemble ...il vous ſemble... ne remarquez-vous point que chacun vous ſuit quand vous paſſez dans la rue.

NICOLETTE.

Il eſt bien vrai, M. le Magiſter; j'ai remarqué que tous les petits garçons courent après vous, & les grands courent après moi.

LE MAGISTER.

Air. *Ces filles ſont ſi ſottes*, &c.

Vous voulez prendre un ton railleur.

NICOLETTE.

Moi! non, je ſuis ſi bête, M. le Magiſter.

LE MAGISTER.

Mais croyez-moi, mon petit cœur;
Car aux yeux cela ſaute:
Vous êtes laide à faire peur.

NICOLETTE.

Mais, ce n'eſt pas ma faute,
Monſieur.
Mais, ce n'eſt pas ma faute.

LE MAGISTER.

Laiſſons cela. Pourquoi n'êtes-vous pas à votre ouvrage?

NICOLETTE.

Je ſuis ici venue pour prendre un peu l'air.

LE MAGISTER.

Hé bien! puiſque vous aimez tant à prendre l'air, je vais vous donner ici votre leçon : où est votre livre?

NICOLETTE.

Le voici.

LE MAGISTER.

N'êtes-vous pas honteuse, à votre âge, de ne sçavoir pas encore lire?

NICOLETTE.

Mais, vos livres sont si difficiles.

LE MAGISTER.

Oui, tout est difficile pour vous.

NICOLETTE.

Mais, Madame Bobinette qui est plus grande que moi, ne sçait pas lire non plus, elle.

Me. BOBINETTE.

Qu'est-ce qui vous a dit cela?

LE MAGISTER.

Point tant de raisonnnemens, avancez ce fauteuil plus près, plus près : *Nicolette regarde derriere elle*; hé bien ! ce que vous allez lire n'est pas de ce côté. Commencez.

NICOLETTE.

ARIETTE.

Sur les Dis..... Dis.

LE MAGISTER.

Innocente!

Cette Lettre est-elle un i.

NICOLETTE.

NICOLETTE.

Quel ton brusque ! il me tourmente.

LE MAGISTER.

Cette Lettre est elle un i ?

NICOLETTE.

D'effroi j'ai le cœur saisi.

LE MAGISTER.

Si vous pouvez, épelez, ignorante.

NICOLETTE.

De, de, voi.

LE MAGISTER.

Cette fois-ci,

C'est un i : cela m'impatiente.

NICOLETTE, *en pleurant.*

i, r, s,

LE MAGISTER.

La voilà qui pleure : c'est un i.

Votre douleur vous rend des plus gentilles.

NICOLETTE.

Ne me plaisantez pas ainsi.

o. i. r. s Devoirs. *Elle lit.* sur les devoirs des filles:

(*au Magister.*)

Est ce que je ne lis pas bien ?

LE MAGISTER.

Non, jamais vous ne sçaurez rien.

Si vous n'avez pas plus d'esprit que de beauté, vous serez un fort joli sujet : continuez votre leçon.

NICOLETTE, *lit.*

Sur les devoirs des filles : il faut qu'el-

les faſſent ce qu'elles ..... peuvent pour.....
au Magiſter. Hé ! bien : Monſieur le Magiſter, c'eſt ce que je fais.

LE MAGISTER.

Oh ! je perds patience ; mais quel eſt cet autre livre, dans la poche de votre tabelier ?

NICOLETTE.

C'eſt un livre, Monſieur le Magiſter.

LE MAGISTER.

Je vois bien que c'eſt un livre, donnez-le moi. Donnez, eh ! donnez donc.
liſant.
Sur la maniere.....

NICOLETTE.

De faire des enlevemens.

LE MAGISTER.

Ah ! ah ! vous liſez bien dans celui-ci ?

Me. BOBINETTE.

Ah ! quelle horreur ? Qui eſt ce qui vous a donné ce livre-là, petite fille ?

LE MAGISTER.

Je veux que vous me diſiez la vérité.

NICOLETTE.

Monſieur le Magiſter !

LE MAGISTER.

Dépêchez, dépêchez-vous.

NICOLETTE.

Je vais vous le dire, M. le Magiſter.

LE MAGISTER.

Hé bien ?

NICOLETTE.

Je n'en sçais rien, Monsieur le Magister.

LE MAGISTER.

Comment ; vous n'en sçavez rien ?

NICOLETTE.

Je l'ai trouvé dans le jardin.

Me. BOBINETTE.

Il y a quelque chose là-dessous, je sçaurai m'en éclaircir.

NIÇOLETTE.

AIR. *Je ne sçais pas écrire.*

Mais, vous avez l'air mécontent.

LE MAGISTER.

Oui, oui.

NICOLETTE.

Ce livre-là pourtant,
Me paroît nécessaire :
Le sujet en est amusant ;
Et puis d'ailleurs en le lisant,
On sçait ce qu'il faut faire.

LE MAGISTER.

Holà ! Madame Bobinette, je vais chercher des ouvriers pour rétablir le mur de ce jardin & griller nos fenêtres ; ayez soin de Nicolette, pendant mon absence.

Me. BOBINETTE.

Fiez-vous à moi.

NICOLETTE.

Mais il me ſemble que tout cela n'eſt pas néceſſaire : qui voulez-vous qui me vienne chercher, je ſuis ſi laide !

LE MAGISTER.

Je n'appréhende point que vous plaiſiez à perſonne ; mais je crains que quelqu'un ne vous plaiſe, & comme je veux bien vous épouſer, je dois prendre mes pré-
à M. Bobinette.
cautions. Allez-lui chercher ſon carreau de dentelles qu'elle s'occupe juſqu'à mon retour : la Jeuneſſe ne ſe perd que par le déſœuvrement.

Me. BOBINETTE.

Laiſſez-moi faire, j'aurai grand ſoin de la faire travailler. Ah ! ah ! petite mijaurée, je vous ferai charier droit.

(Elle ſort.)

SCENE V.

LE MAGISTER, NICOLETTE.

NICOLETTE.

MAis on ne peut pas toujours travailler.

LE MAGISTER.

Hé bien! pour vous désennuyer, vous repasserez votre leçon ; *Il lui donne un livre.* Tenez... mais je vous déclare que si à mon retour.

NICOLETTE.

Et moi je vous déclare que je ne veux plus travailler, ni étudier : tenez, voilà votre livre, *elle jette le livre.*

LE MAGISTER.

Vous avez l'audace ! mais je ne reviens pas de ma surprise!

NICOLETTE.

Accommodez-vous.

LE MAGISTER.

Je ne sçais qui me tient..... Vous ne voulez donc pas obéir ?

NICOLETTE.

Non.

LE MAGISTER.

Je vous abandonne.

NICOLETTE.

Hé bien! je ne m'en soucie gueres.

LE MAGISTER.

Vous ne serez point ma femme.

NICOLETTE.

Tant mieux.

LE MAGISTER.

Vous mourrez fille.

NICOLETTE.

Oui, oui.

LE MAGISTER.

Comment ! oui,oui , que veut-elle dire?

NICOLETTE.

Un autre m'épousera, là.

LE MAGISTER, *à part.*

Ce ne seroit pas là mon compte , je crois que Madame Bobinette a raison ; il faut *à Nicolette.* l'adoucir. Ecoute, Nicolette.

NICOLETTE.

Laissez-moi.

LE MAGISTER.

Si je te gronde , c'est pour ton avantage.

NICOLETTE.

Je vous remercie.

LE MAGISTER.

Je veux bien encore te pardonner, si tu me promets d'être plus docile ; oui , tu seras ma petite femme dès ce soir.

NICOLETTE

Hom!...

LE MAGISTER.

Et j'assaisonnerai les leçons que je te donnerai de tant de mignardises, de tant de petites caresses , que tu diras de moi: *Miscuit utile dulci.*

NICOLETTE.

Allez, je n'ai que faire de vos biscuits ni de vos petites caresses.

LE MAGISTER.

Tu auras une entiere liberté, & je renverrai Bobinette. (*à part.*) Il faut lui promettre plus que je n'ai envie de lui accorder.

NICOLETTE, *à part.*

Il faut que je faſſe ſemblant de m'appaiſer pour qu'il ne ſoupçonne rien au ſujet de Lindor.

LE MAGISTER.

Allons, faiſons la paix.

NICOLETTE.

Oui, oui, vous voulez encore vous moquer de moi.

LE MAGISTER.

Non, je te le jure.

ARIETTE, *en Duo.*

Tu vas être la maîtreſſe ;
A ton tour commande ici.

NICOLETTE.

Bon ! bon ! vaine promeſſe !

LE MAGISTER.

Non, non, non.

NICOLETTE.

Fiez-vous-y.

LE MAGISTER.

Oui, je veux te ſatisfaire.

NICOLETTE.

Prouvez-moi.

LE MAGISTER.

Que faut-il faire

NICOLETTE.

Demandez pardon.

LE MAGISTER.

Pardon!

NICOLETTE.

Oui, pardon.

LE MAGISTER.

Elle plaisante.
Soit, pardon; es-tu contente?

NICOLETTE.

A genoux, petit garçon.

LE MAGISTER.

Oh! c'est trop.

NICOLETTE.

Il se mutine.

LE MAGISTER, *à genoux.*

M'y voilà.

NICOLETTE, *appercevant Lindor.*

Je vois Lindor.

SCENE VI.

LINDOR, LE MAGISTER, NICOLETTE.

LINDOR, *derriere le Magister bas à Nicolette.*

St, st, st.

NICOLETTE, *au Magister qui veut se lever.*

Encor, encor.

LE MAGISTER.

C'est assez.

NICOLETTE, *au Magister.*

Que l'on s'incline.

LINDOR, *bas à Nicolette.*

Ecoutez.

NICOLETTE, *bas à Lindor.*

Je ne peux pas.

Le Magister voulant se relever.

Hem! plait-il? Plus bas, plus bas.
Quatre fois, baisez la terre.

LE MAGISTER.

Mais!

NICOLETTE, *faisant baisser le Magister.*

Mais, mais.

LE MAGISTER.

Il faut lui plaire.

NICOLETTE.

Quatre fois: fort bien, fort bien.

Pendant que le Magister baise la terre, Lindor baise la main de Nicolette, lui donne un billet & se retire.

SCENE VII.

LE MAGISTER, NICOLETTE,

LE MAGISTER, *se levant en riant.*

AH ! ah ! ah ! qu'elle est bouffonne.

NICOLETTE, *riant.*

Ah ! ah ! ah ! je vous pardonne.

LE MAGISTER, *à part.*

Ah ! friponne, je te tien.

NICOLETTE, *à part.*

Ah ! vieux Reitre, je te tien.

Ensemble.

Quel plaisir est égal au mien. *(bis.)*

LE MAGISTER.

Te voilà bien contente, petite folichonne.

NICOLETTE.

Oh ! très-contente ; allons, prenez part à ma joye, dansez.

LE MAGISTER.

Moi, que je danse !

NICOLETTE.

Oui, je le veux ; dansez tout à l'heure : ta, la, la, &c.

LE MAGISTER, *danse.*

Ta, la, la, la, &c.

SCENE VIII.

LE MAGISTER, NICOLETTE, Me. BOBINETTE.

Me. BOBINETTE.

QUE vois-je. Eh! voilà M. le Magiſter qui danſe ; miſéricorde!

LE MAGISTER.

Ah! Madame, Madame Bobinette, il n'y a rien que l'amour n'excuſe. *à Nicolette.* Ah! çà petite fanfan, je veux que nous ayons ce ſoir des violons ; je vais en chercher, & je danſerai tant que tu voudras ; travaille en attendant.

NICOLETTE.

De grand cœur ; partez donc bien vîte.

LE MAGISTER, *bas à Me. Bobinette.*

Ah! ah! ah! voilà la façon dont on les endort ; amuſe Nicolette pendant que j'irai chercher les ouvriers pour.... Mais elle nous écoute, ſuis-moi. *à Nicolette.* Travaille, travaille, ma petite amie. (*ils ſortent.*)

NICOLETTE.

Eh! oui, oui, vous devriez déjà être bien loin?

SCENE IX.

NICOLETTE, *seule.*

LISONS vîte la lettre de Lindor ; on croit que je ne sçais pas lire, & que je ne suis qu'une sotte ; tant mieux. Mais les voilà qui m'examinent ; chantons en travaillant jusqu'à ce qu'ils soient partis.

ARIETTE.

Assise sur les bords
D'une onde pure,
Qui lentement murmure :
Je sens, quand je m'endors,
Un doux zéphire,
Qui sur mon sein soupire
Dans cet azile.
Quand un sort tranquille,
D'un repos facile
M'a fait jouir,
J'ouvre mes yeux au jour, & mon ame au plaisir.

Ils sont éloignés, lisons.

» Ma chere Nicolette, je sçais que le Ma-
» gister doit vous épouser ce soir ; il n'y a
» pas de tems à perdre. Si vous voulez
» éviter ce malheur, je vais tout préparer
» pour vous enlever, & je viendrai me ca-
» cher dans ce jardin pour attendre l'occa-
» sion favorable. *Lindor.*

SCENE X.

Me. BOBINETTE, NICOLETTE.

Me. BOBINETTE.

AIR. *Blaiſe en revenant des champs.*

C'EST une lettre, je croi.
Oh! par ma foi, oh! par ma foi.
Vous vous moquez donc de moi?

NICOLETE.

Elle eſt à votre adreſſe.

Me. BOBINETTE.

Ah! la bonne piece!

NICOLETTE.

à part.

Liſez-la plutôt. Heureuſement elle ne ſçait lire ni, bo, co, bi, net, nette, Bobinette. Vous voyez bien.

Me. BOBINETTE.

Comment avez-vous eu cette lettre-là?

NICOLETTE.

Elle étoit dans le livre que j'ai trouvé tantôt là-bas ſur ce banc de gazon où vous vous aſſeyez ordinairement.

Me. BOBINETTE.

Pourquoi avez-vous décacheté cette lettre, puiſqu'elle eſt à mon adreſſe.

NICOLETTE.

J'ai été bien payée de ma curiosité.

Me. BOBINETTE.

Pour vous punir, faites-m'en la lecture.

NICOLETTE.

Je vais vous la lire tout de suite, car je l'ai épelée ; voyez si je lis bien.

Elle lit.

» Madame Bobinette, comme je sçais » que malgré vos charmes vous êtes une » femme d'honneur qui aime à se divertir » sans qu'on se doute de rien, je vous dé- » clare que je suis amoureux de vous; mais » comme la Gouvernante d'un Magister a » une réputation à garder, je vous pré- » viens que je ferai semblant d'être l'A- » mant de Nicolette, & tout ce que je lui » dirai s'adressera à vous. *Lindor.*

Me. BOBINETTE.

Tout cela ne m'étonne point, mais il me semble que je le vois là-bas entre ces arbres ; appellez-le, appellez-le, je vais me cacher derriére vous, & vous lui parlerez.

NICOLETTE.

Je vais jouer un joli rôle.

Me. BOBINETTE.

Je ne serai pas embarrassé du mien.

NICOLETTE.

Lindor, Lindor.

SCENE XI.

LINDOR, NICOLETTE;
Me. BOBINETTE.

LINDOR.

Air : *Ces forbans d'Angleterre.*

JE viens, Beauté charmante,
Grillé, brulé d'une flamme ardente,
Car en vous tout m'enchante
Jusques au bout du doigt.

Me. BOBINETTE.

Il me voit, il me voit.

LINDOR.

Même air.

Dès qu'on vous apperçoit
C'est son cœur qu'on vous doit.
Il faut que l'on soupire,
L'Amour qui sçait si bien nous réduire,
Pour plaire & pour séduire,
Doit être fait ainsi.

Me. BOBINETTE.

Grand merci, grand merci.

En vérité, M. Lindor, vous vous y prenez d'une maniere si délicate, que la vertu la plus fiere auroit tort.... Répondez pour moi, petite fille, la force du sentiment m'empêche de m'exprimer.

NICOLETTE.

ARIETTE.

Mon cœur insensible
Crut jusqu'à ce jour
Qu'il étoit possible (*bis.*)
D'éviter l'amour. (*bis.*)
Dans l'indifference
Je bravois ses traits,
Je vivois en paix. (*bis.*)
Dans cette assurance
Je serois encor,
Mais j'ai vû Lindor. (*bis.*)
Mon cœur trop sensible
Éprouve en ce jour,
Qu'il est impossible
D'éviter l'amour.

Me. BOBINETTE *à Lindor.*

Imaginez-vous que c'est moi qui vous parle.

LINDOR.

Qu'est-ce que cela signifie?

NICOLETTE *à Lindor.*

Elle croit que c'est elle que vous aimez; ne la désabusez point.

Me. BOBINETTE.

Oui, mon cher Lindor. Mais continuez de parler à Nicolette pour me sauver l'embarras de ma pudeur. Nicolette est dans le secret.

LINDOR.

LINDOR.

Air : *Un Officier, deux Officiers.*

Avec ce tein, cette fraicheur
On vous prend pour l'Aurore.

NICOLETTE *à Me. Bobinette.*

Vous voyez bien que cela ne peut s'adresser qu'à vous.

Me. BOBINETTE *continuant l'air.*

Ah! que ce discours est flateur,
Recommencez encore.

LINDOR.

Oui, oui, je vous adore,
Et ce baiser part de mon cœur.

Il embrasse Nicolette.

NICOLETTE *à Me. Bobinette.*

A-t-il bien fait?

Me. BOBINETTE *à Nicolette.*

Oui.

NICOLETTE *finit l'air.*

Recommencez encore.

Me. BOBINETTE.

Ah! finissez donc, vous m'allez faire évanouir.

LINDOR.

Ma chere Madame Bobinette, puisque

vous ne vous oppofez plus à mes vœux, permettez que j'affranchiffe ce que j'aime du pouvoir d'un brutal.

Me. BOBINETTE.

Oui, vous n'avez qu'à déclarer vos fentimens pour moi à M. le Magifter.

LINDOR.

Je n'ai garde, il croiroit que vous y répondriez; cela feroit tort à cette grande réputation de fageffe que vous vous êtes acquife.

Me. BOBINETTE.

Cela eft vrai, & quoique le Magifter veuille époufer Nicolette, je fçais qu'il eft très-jaloux de moi.

LINDOR.

Attendez, pour ne point compromettre votre vertu, & jouer un bon tour au Magifter.... J'imagine qu'un enlevement...

NICOLETTE.

Un enlevement, ma bonne?

Me. BOBINETTE.

Taifez-vous, petite fille; il eft de certains cas où l'enlevement fe pratique fans bleffer la modeftie : cela vous paffe.

LINDOR.

Hé bien ! à quoi vous déterminez vous ?

Me. BOBINETTE.

ARIETTE.

Comment ! comment !
Un enlevement.

NICOLETTE.

Un enlevement !

Me. BOBINETTE.

Vous me causez des allarmes.

LINDOR.

Bon ! bon !

Me. BOBINETTE.

Non, non,
Mais qu'en diroit-on ?

NICOLETTE.

Mais qu'en diroit-on ?

LINDOR.

Que c'est l'effet de vos charmes.
L'enlevement fait honneur ;
N'a pas qui veut ce bonheur.

Me. BOBINETTE.

Ma pudeur doit s'en effrayer.

LINDOR.

On vous permettra de crier.

Me. BOBINETTE.

Mais on pourroit nous entendre.

NICOLETTE.

Oui, ce feroit une efclandre.

LINDOR.

Vous crierez fans faire de bruit.
Nous pourrons attendre la nuit.

NICOLETTE & Me. BOBINETTE *enfemble.*

Mais n'eft ce pas pour ce départ
Vous y prendre beaucoup trop tard ?

Partons, partons, dépêchons-nous,
Partons, partons, & fuyons un jaloux.

LINDOR *à Me. Bobinette.*

Partons, partons, permettez-nous
De vous enlever malgré vous.

Me. BOBINETTE.

Il faudra donc que Nicolette refte ici pour faire avaler la pillule à M. le Magifter.

LINDOR.

Point du tout, elle nous est nécessaire pour la décence. Allons, que l'on fasse avancer mon cabriolet.

Air : *Sautez donc, mon cœur.*

Venez donc, mon cœur, venez donc.

Me. BOBINETTE.

J'ai du scrupule.

LINDOR.

Quel ridicule !
Venez donc, mon cœur, venez donc,
Cette voiture est du meilleur ton.
Dans un joli cabriolet
On va d'une vitesse extrême,
Et le voyage est sitôt fait ;
Notre amour ira de même.
Venez donc, mon cœur, venez donc,
Cette voiture est du meilleur ton.

Me. BOBINETTE.

Allons, je me détermine ; mais il faut que je prenne une coëffe & un mantelet pour me faire enlever décemment : je ne suis qu'une minute, Nicolette vous tiendra compagnie.

SCENE XII.

LINDOR, NICOLETTE.

LINDOR.

PRofitons du moment.

NICOLETTE.

Mais, Lindor, puis-je compter....

LINDOR.

Ne craignez rien, charmante Nicolette, l'amant le plus tendre ne veut être heureux qu'en devenant votre époux. Tout est perdu, si vous hésitez. Je vois venir le Magister, & voilà Me. Robinette.

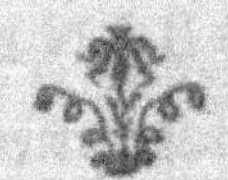

SCENE XIII.

Me. BOBINETTE, LINDOR, NICOLETTE.

Me. BOBINETTE.

VOilà mes arrangemens faits ; mais que faites-vous donc, vous partez sans moi ?

LINDOR.

Oui, Madame Bobinette, & nous vous laissons pour faire avaler la pillule à Monsieur le Magister.

Me. BOBINETTE.

Comment, ce n'est point moi qu'on enleve ?

LINDOR.

Point du tout, Beauté charmante, c'est Nicolette.

NICOLETTE.

Vous n'avez qu'à vous imaginer que c'est vous, ma bonne ?

Me. BOBINETTE.

Ah ! perfide, scélerat, au voleur. M. le Magister.

LINDOR.

Gare, gare.

Il part avec Nicolette dans le cabriolet.

LE MAGISTER *courant après.*

Arrête, arrête.

SCENE XIV.

Me. BOBINETTE *seule, après avoir crie au voleur.*

BON, voilà le Cabriolet renversé; voilà Mr. le Magister qui les arrête. Ah! fripon de Lindor, c'est bien fait, c'est bien fait. Le Magister ramene Nicolette, Lindor le suit: ah! nous allons voir, nous allons voir.

SCENE XV. *& derniere.*

LE MAGISTER, Me. BOBINETTE, LINDOR, NICOLETTE.

LE MAGISTER *à Nicolette.*

AH! petit crocodile, petit serpent; tu me caressois donc pour me trahir.

NICOLETTE.

Cela est vrai, Monsieur le Magister ; mais vous sçavez que l'Amour excuse tout.

LE MAGISTER *à Lindor.*

Et toi, traitre de ravisseur ; je te ferai pendre.

LINDOR.

Doucement, Monsieur le Magister, arrangeons-nous ; jouissez en paix du bien de Nicolette, & permettez que je l'épouse.

LE MAGISTER.

Cet article mérite réflexion. Eh ! bien, épouse la, & va-t-en au Diable.

NICOLETTE.

Grand merci, Monsieur le Magister.

QUATUOR en Dialogue.

LE MAGISTER.

Voilà donc la récompense
D'avoir instruit ton enfance,
O ! mores, ô tempora

ENSEMBLE.

Ah ! ah ! ah ! ah ! &c.

Me. BOBINETTE.

Voilà donc la récompense
De ma tendre complaisance ;
Mais, l'Amour me vengera :

ENSEMBLE.

Ah ! ah ! ah ! ah ! &c.

NICOLETTE.

Je suis sans esprit, sans grace,
De moi l'on vous débarrasse,
Pour vous j'étois un fardeau.

ENSEMBLE.

Oh ! oh ! oh ! oh ! &c.

LINDOR.

J'ai le cœur de Nicolette ;
Mais épousez Bobinette,
L'assemblage sera beau.

ENSEMBLE.

Oh ! oh ! oh ! oh ! &c.

LE MAGISTER, Me. BOBINETTE.

ENSEMBLE.
Oui, j'oublie une infidelle
Afin de me venger d'elle.
Oubliez une infidelle
Afin de vous venger d'elle.

Me. BOBINETTE *seule.*

Marions-nous.

LE MAGISTER *seul.*

Sic volo.

ENSEMBLE.

Oh ! oh ! oh ! oh ! &c.

Me. BOBINETTE & LE MAGISTER.

Que pour la nôce on s'apprête,
Qu'ils soient témoins de la fête.

Me. BOBINETTE.

Mon cher maître, touche là.

LE MAGISTER.

Bobinette, touche là.

LINDOR.

Nicolette, touche là.

NICOLETTE.

Mon cher Lindor, touche là.

TOUS.

Ah ! ah ! ah ! ah ! &c.

LE MAGISTER.

Que l'on chante

Mon aimable Gouvernante.
Oh ! himen, himen, io.

TOUS.

Que l'on chante.
L'Amour remplit [notre / mon] attente,
Formons un tendre Duo:

LINDOR & NICOLETTE.

LAmour sera le trio.

FIN.

APPROBATION.

J'AI lû, par ordre de Monseigneur le Chancelier, *la Fille mal gardée*, Parodie, & je crois que l'on peut en permettre la représentation & l'impression. A Paris ce 8 Mai 1758.

CRÉBILLON.

Le Privilége & l'enrégistrement se trouvent à la fin du Tome III. du Nouveau Recueil des Pieces représentées sur le Théâtre de l'Opera-Comique depuis son rétablissement.

Nouveau Catalogue d'Opera-Comique & autres Pieces de Thédtres.

De M. VADÉ.

La Fileuse, Parodie.
Le Poirier, Opéra Comique.
Le Bouquet du ROI.
Le Suffisant.
Les Troqueurs & le Rien, Parodie.
Airs Choisis des Troqueurs.
Le Trompeur trompé.
Il étoit tems, Parodie.
La nouvelle Bastienne.
Le Divertissement de la Fontaine de Jouvence.
Les Troyennes de Champagne.
Jerôme & Fanchonnette, Pastorale.
Les trois complimens.
Le Confident heureux.
Follette ou l'enfant gaté.
Nicaise, Opera Comique.
Les Racoleurs, Opera Comique.
L'Impromptu du cœur.
Le mauvais Plaisant, Opéra Comique.
La Canadienne, Comedie.

Ouvrages du même.

La Pipe cassée, Poëme.
Les quatre Bouquets Poissards.
Les Lettres de la Grenouillere.
Œuvres posthumes du même, 1 vol. *in*-8°.
Recueil de Chansons avec la Musique.

De M. FAVART.

Le Bal de Strasbourg.
Thésée, Parodie.
Acajou, Opera-Comique.
L'Amour au Village.
La Fête d'Amour, Comédie.
Les jeunes Mariés.
Les Nymphes de Diane, avec la Musique.
L'Amour impromptu, Parodie.
Le Mariage par escalade.
La Répetition interrompue, Opera Comique.
La Fille mal gardée, Parodie, de Me. Favart & de M. ***.

De M. ANSEAUME.

Le Monde renversé.
Bertolde à la Ville, avec les Ariettes.
Le Chinois poli en France.
Les Amans trompés, Opéra-Comique.
La fausse Aventuriere.
Le Peintre amoureux de son Modele.
Le Docteur Sangrado, Opéra-Comique

De M. L'AFFICHARD. *Opéra Comiques.*

Pigmalion, ou la Statue animée.
Le Fleuve Scamandre.
Les Effets du Hazard.
La Nymphe des Thuilleries.
L'amour imprévu.

Comédies du même.

La Famille, Comédie.
Les Acteurs déplacés, Comédie.
Les Amans jaloux.

DE DIFFERENS AUTEURS.

Le Troque, Parodie des Troqueurs avec la Musique, 3 l. 12 s.
L'Amante retrouvée, Opéra.
Les quatre Mariannes, Opéra.
Les Pelerins de la Méque, Opéra.
La Magie inutile.
L'heureux Evenement.
Le Retour du Printems.
La Guirlande, Opéra Comique.

PIECES DETACHÉES.

Le Retour favorable.
La Rose ou les Fêtes de l'hymen.
Le Miroir Magique.
Le Rossignol, avec la Musique.
Le Dessert des Petits Soupers.
Le Calendrier des Vieillards.
La Coupe enchantée.

Les Filles, Opéra-Comique.
Le Plaisir & l'innocence.
Les Boulevards.
L'Ecole des Tuteurs.
Zéphire & Flore.
La Péruvienne.
Les Fra-Maçonnes.
L'impromptu des Harangeres.
La Bohémienne, Parodie, avec la Musique.
Le Diable à quatre, avec les Ariettes.
Les Amours Grenadiers.
La Guirlande.
Le Quartier Général, Opéra-Comique.
Le Faux Dervis, Opéra-Comique.
Le Nouvelliste, Opéra-Comique.
Gilles, Garçon Peintre.
Le Magazin des Modernes.
L'heureux Déguisement.

Choix de Pieces plaisantes représentées sur differens Théâtres, in-8°.

Théâtre de Campagne.

Les deux Biscuits, Tragédies.
L'Eunuque, Parade.
Agathe, ou la chaste Princesse, Parade.
Syrop-au-cul, Tragédie.
Le Pot-de-Chambre cassé, Tragédie pour rire, &c.
Madame Engueule, Parade.

Théâtre Bourgeois, in-12.

Le Marchand de Londres, Tragédie Bourgeoise.
Momus Philosophe, Comédie.
L'Electre d'Euripide, Tragédie.
Abaillard & Héloïse, Piece Dramatique.
L'Orphelin, Tragédie Chinoise.
La Mahonnoise, Comédie.
La petite Sémiramis.
La Méchanceté, Parodie d'Astarbé.

CATALOGUE DES THÉATRES,

Nouveaux ou nouvellement réimprimés. 1758.

ŒUvres de Boissi, *in-8°.* 9 vol. nouvelle édition, 1753. 36 l.

Œuvres de Piron, 3 vol. *in-12* belles figures, dont les desseins sont de M. Cochin. 1758. 9 l.

De Marivaux, Théâtre Franç. & Ital. *in-12.* 5 vol. 15 l.

Théâtre de M. de V***, *in-12.* 1753. 3 l.

Choix de nouvelles Pieces qui ont été représentées aux Théâtres François & Italien depuis quelques années, 6 vol. *in-12.* 18 l.

Le Théâtre d'Apostolo Zeno, traduit de l'Italien, 2 vol. *in-12.* 1758. 5 l.

Le Théâtre Anglois Comique, 2 vol. *sous presse.*

Théâtre édifiant ou Tragédies saintes de M. Duché. 2 l. 10 s.

Théâtre de M. Fagan, *in-12 sous presse.*

Théâtre de Rotrou, *sous presse.*

Théâtre de Pellegrin, *sous presse.*

Théâtre Bourgeois, ou Recueil de Pieces représentées sur des Théâtres particuliers, *in-12.* 3 l.

Nouveau Théâtre François & Italien, ou Recueil des meilleures Pieces de differens Auteurs, représentées depuis quelques années, 4 vol. *in-8.* 20 l.

D'Avice *in-8.* 1 vol. 3 l. 10 s.

Théâtre de l'Affichard, *in-8.* 1 vol. 5 l.

De Guyot de Merville, *in-8.* 1 vol. 5 l.

De Pesselier, *in-8.* 1 vol. 5 l.

Théâtre de la Grange, *in 8.* 3 l. 10 s.

De Romagnesi & Riccoboni, 1 vol. *in-8.* 5 l.

Théâtre de Campagne, ou les Débauches de l'Esprit, 1 vol. *in-8.* 5 l.

Œuvres de Vadé, ou Recueil des Opera Comiques & Parodies, avec les airs notés, 4 vol. *in-8.* 20 l.

Nouveau Théâtre de la Foire ou Recueil de Pieces qui ont été représentées sur le Théâtre de l'Opera-Comique depuis son rétablissement, 4 vol *in-8.* avec les airs notés. 20 l.

Théâtre de Favart, 3 vol. *in-8.* avec la Musique. 15 l.
Le Tome III. se vend séparément.

Les Spectacles de Paris, ou Calendrier Historique & Chronolog. de tous les Théâtres, 7 Parties, 1758. Chaque Partie se vend séparément. 1 l. 4 s.

www.ingramcontent.com/pod-product-compliance
Ingram Content Group UK Ltd.
Pitfield, Milton Keynes, MK11 3LW, UK
UKHW021949260726
13994UKWH00004B/1631